Englischer Knoten

Der Englische Knoten, so die allgemeine Bezeichnung, wird auch Engländer-, Fährmanns- und Seemannsknoten, Liebes-, Angler- oder Fischerknoten genannt. Die beiden letzten Varianten beschreiben seine häufigsten Anwendungen. Er eignet sich zum Verbinden zweier dünner, glatter Enden, ist die Alternative zum Kreuzknoten, der durchslippen könnte. Fischer nutzen ihn zum Ausbessern der Netze, Angler können mit ihm eine gerissene Sehne verbinden oder die Sehne am Vorfach (kurzes, bereits am Haken befestigtes Stück Angelschnur) anstekken.

Mit dem Tampen des einen Endes einen halben Schlag um den Tampen des anderen Endes legen und das ...

... gleiche mit dem zweiten Tampen auf dem anderen Ende wiederholen. Die beiden halben Schläge festziehen und die Lose aus beiden Enden holen, bis die ...

... halben Schläge aufeinanderstoßen. Ist die Leine sehr glatt oder sehr dünn, sollten die halben Schläge für mehr Reibung doppelt gelegt werden.

Fenderstek

Das Festmachen der Fender an der Seereling ist die einfachste Sache der Welt: schnell einen Webeleinenstek oder zwei Rundtörns mit zwei halben Schlägen um den Draht, und der Fender ist fest.
Beide Methoden haben einen Nachteil: Die Steke können sich sehr festziehen und sind dann mit klammen Händen nur schwer wieder zu lösen. Um das zu verhindern, kann zumindest der Webeleinenstek auf Slip gesteckt werden.
Der Fenderstek hält absolut sicher und läßt sich mit einem kurzen Zug am Tampen lösen. Der Stek fällt dann wie durch Zauberhand vom Draht.

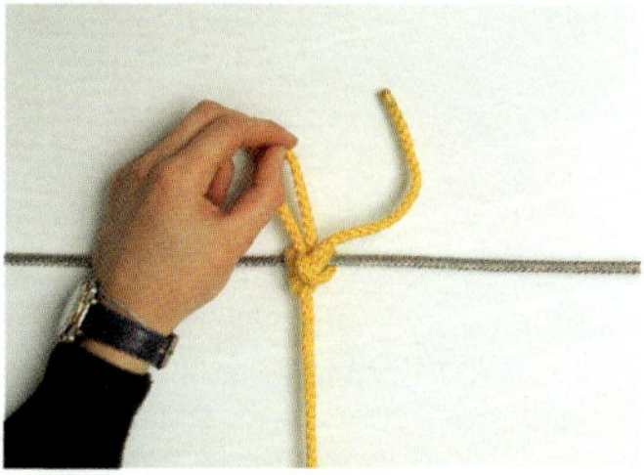

In die Fenderleine eine Bucht legen und diese außerbords gegen den Relingsdraht ziehen. Mit der Part der Bucht, an der der Fender hängt, unter dem Draht hindurchfahren und eine zweite Bucht durch die erste stecken. Dann auch mit der losen Part unter dem Draht hindurch eine Bucht stecken, an der Fenderleine ziehen – fertig.
Zum Lösen an der losen Part ziehen.

Gordingstek

Der Gordingstek wird zum Anstekken von Leinen an Beschläge, Ösen und Kauschen verwendet. Der große Vorteil ist seine Kürze. Der Schäkel kann dicht an die Rolle im Masttopp gezogen werden, das Schothorn nahe an den Holepunkt. Letzteres ist allerdings nur bei tiefgeschnittenen Segeln von Bedeutung. Wichtiger ist, daß der Knoten beim Wenden nicht so leicht an Wanten oder Stagen hängenbleibt.

Der Gordingstek bekneift sich unter Last stark, ist meistens nur mit einem Marlspieker zu lösen. Regattasegler nennen ihn auch Never-open-again-Knoten.

Mit dem Tampen von unten durch den Schäkel fahren und unter der festen Part hindurch …

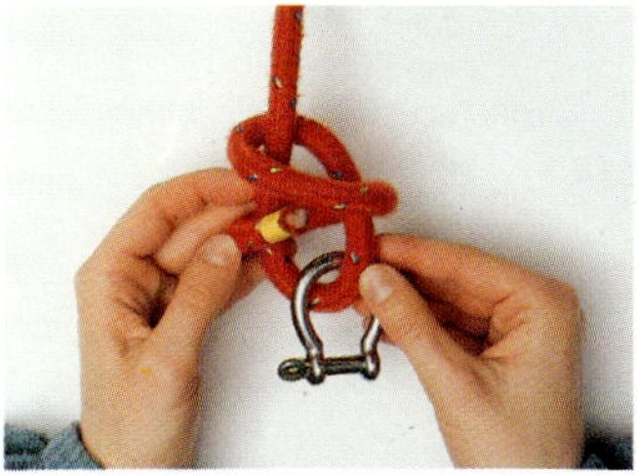

… einen Rundtörn bilden. Danach den Tampen einmal um das entstandene Auge herum- …

… führen und von links nach rechts durch das Auge stecken, dabei den Tampen über die …

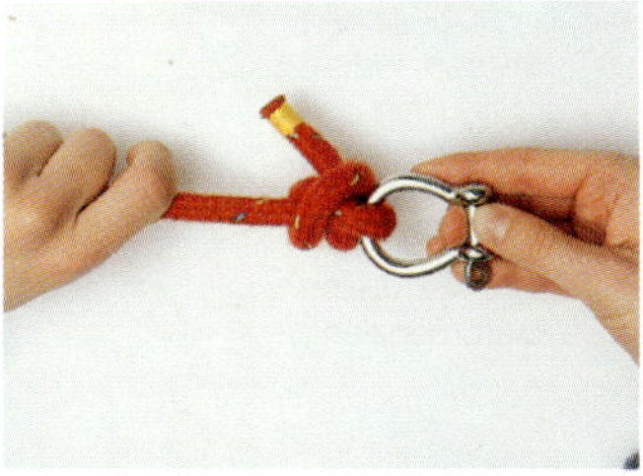

… feste Part hinweg und unter dem Rundtörn hindurchführen. Den Knoten festziehen.

Kettenplatting

Die Kettenplatting ist die maritime Form des Häkelns. Sie hat viele Namen: Affenkette oder Affenzopf, einfache Trompetenschnur, einfache Signalhornschnur, Kettenstich, Häkelstich und Kettenflechtschnur.
Neben der rein zierenden Funktion, beispielsweise an Uniformen oder auf Knotentafeln, gibt es einige Anwendungsmöglichkeiten im Segleralltag: Als Ruckdämpfer in Festmachern oder zum Verkürzen von Leinen, als Griff in der Pützleine oder als Schamfilschutz in Zeisingen, Laschings und Bändseln.

Der Kettenplatting – auch Affenkette, Trompetenschnur und Häkelstich genannt – entsteht aus einem einfachen Auge …

… durch das eine Bucht gesteckt wird. Durch diese Bucht wird die nächste gesteckt. Das ist beliebig oft fortführbar, bis …

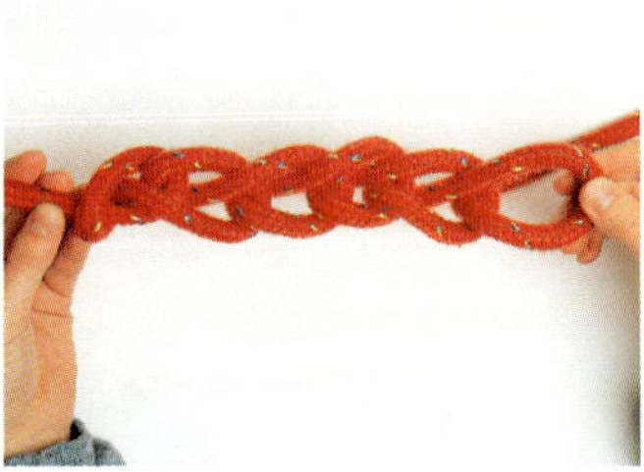

… der Kettenplatting die gewünschte Länge erreicht hat. Der Knoten ist jetzt aus mehreren Slipsteks gebildet, die …

… gesichert werden, indem man den Tampen durch die letzte Bucht steckt und die Leine zusammenzieht.

Kontrastek mit Palstek

Schon der Name weist darauf hin, daß dieser Stek aus der Verbindung zweier Knoten besteht. Er ist eine gute Methode, einen Tampen an einem Rundholz oder an Spieren zu befestigen. Wie jeder Knoten, in dem ein Palstek steckt, hält auch dieser absolut zuverlässig. Der Unterschied gegenüber anderen Steken, wie dem Webeleinenstek und dem Stopperstek: Der Kontrastek bekneift sich nicht dauerhaft, kann also verschoben werden, sobald der Zug von der Leine genommen wird.

Zunächst wird der Tampen von unten um die Spiere geführt, danach einmal unter der auflaufenden Part hindurch erneut von oben um die Spiere gelegt.

Das verbleibende Ende muß lang genug sein, weil damit nun der zweite Knoten um die auflaufende Part herum geknüpft wird.

Der Palstek sollte eben noch so groß sein, daß er locker auf dem Tampen hin und her bewegt werden kann, denn nur so ist …

… gewährleistet, daß sich der Kontrastek auf Zugbelastung richtig bekneift und sich ohne Last leicht öffnen und verschieben läßt.

Kreuzknoten

Der Kreuzknoten ist einer der meistverwendeten, aber auch meistmißbrauchten Knoten zum Verbinden zweier Leinen. Wichtig: Er sollte nur benutzt werden, wenn die beiden Leinen gleich stark und aus gleichem Material sind. Er hält zuverlässig, solange Kraft auf ihm steht, ist aber durch Zug an einem der Tampen auch wieder leicht zu lösen.

Eine Anwendung ist er als Bändselknoten beim Reffen oder Bergen der Segel. Als Verbindungsknoten sollte er aus den oben genannten Gründen nicht genutzt werden.

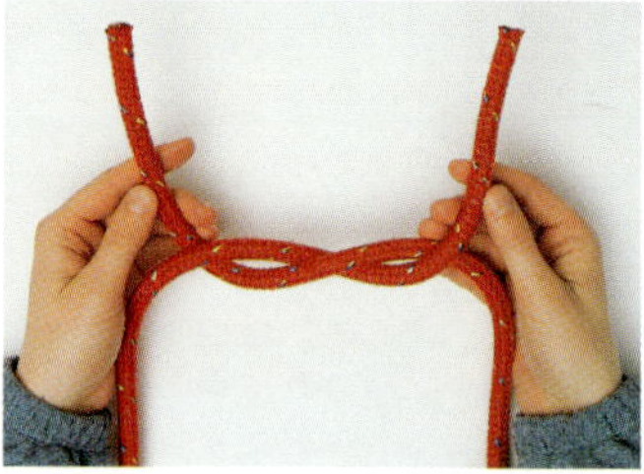

Die beiden Tampen kreuzend übereinander legen …

… nach vorne führen und erneut kreuzen. Das Ende, …

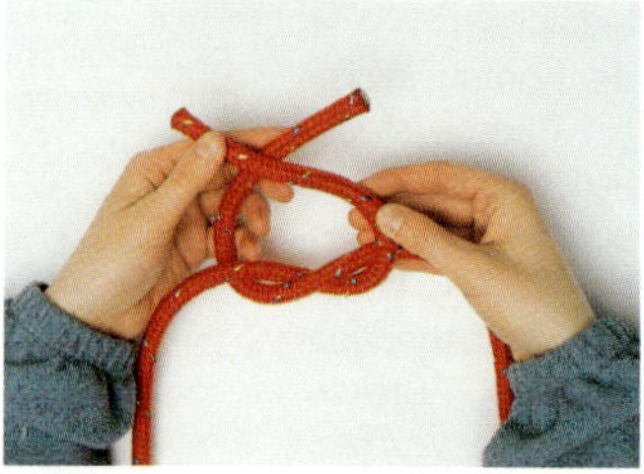

… das zuerst oben lag, muß beim zweiten Kreuzen …

… wieder oben liegen. An allen Parten zusammenziehen

Lange Trompete

Die Lange Trompete gehört zur Gruppe der Verkürzungsknoten. Auf modernen Sportbooten findet die Lange Trompete kaum noch Anwendung, da sie nur zuverlässig hält, wenn sie ständig unter Zug ist. Außerdem ist das laufende Gut meistens passend abgelängt. Werden jedoch neue Leinen eingeschoren oder ein neues Rigg gestellt, ist die Lange Trompete eine Möglichkeit, Strecker und Schoten probeweise zu verkürzen, bis ihre endgültige Länge feststeht.

Eine haltbare Dauerverkürzung ist die Lange Trompete nur, wenn sie an beiden Enden zusätzlich durch Taklinge, Knebel oder halbe Schläge gegen das Durchslippen gesichert wird.

Auf Deck oder einer anderen ebenen Fläche zwei Buchten zu einem „S“ legen. Mit der linken Hand ein Auge ...

... in die Leine drehen, bei dem das laufende Ende unten liegt. Die darunterliegende Bucht von unten in ...

... das Auge stecken. Mit der rechten Hand das gleiche wiederholen: ein Auge drehen und die Bucht von unten ...

... hindurchstecken. Mit beiden Händen die laufenden Enden anziehen. Den Knoten ständig unter Zug halten.

Leesegel-Fallstek

Der Leesegel-Fallstek hat natürlich nichts mit der Sicherung zu tun, die ein schlafendes Crewmitglied vor dem Herausfallen aus der Koje bewahrt. Vielmehr dient er zum Anstecken von Fallen an Spieren. Er hält ebenso sicher wie ein Webeleinenstek, hat diesem gegenüber aber den Vorteil, daß er sich bei dünnen Leinen wesentlich leichter lösen läßt. Auch kann die Spiere bis direkt an den Block geheißt werden, da kein Raum durch Knoten oder Spleiße verlorengeht.

1 Unter der Spiere hindurch eineinhalb Rundtörns um diese legen und die …

2 … lose Part hinter der festen Part vorbei durch die beiden Rundtörns stecken.

3 Die lose Part in entgegengesetzter Richtung über den zweiten Rundtörn …

4 … hinweg unter dem ersten Rundtörn hindurchstecken und mit einer Hand …

5 … festhalten. Mit der anderen Hand die Lose aus der festen Part holen.

Marlspiekerschlag

Mit dem Marlspiekerschlag und einem durchgesteckten länglichen Gegenstand als Griff, beispielsweise einem Schraubenzieher oder einem Marlspieker, läßt sich eine Leine gut ziehen. Dieser Griff kann mit beiden Händen gefaßt und die Leine mit deutlich mehr Kraft und beiden Händen durchgeholt werden.

Außerdem ist die Anwendung ungefährlich. Wird der Zug der Leine zu groß, läßt man sie einfach los. Der durchgesteckte Gegenstand geht dabei vielleicht in den Bach, doch sind garantiert noch alle Finger dran.

Der Marlspiekerschlag beginnt mit einem Auge, das auf den Tampen gelegt wird. Das Auge nach vorn auf die feste Part des Tampens klappen und …

… diese von oben aus dem Auge holen. Den Marlspieker oder einen anderen Gegenstand durch die entstandene …

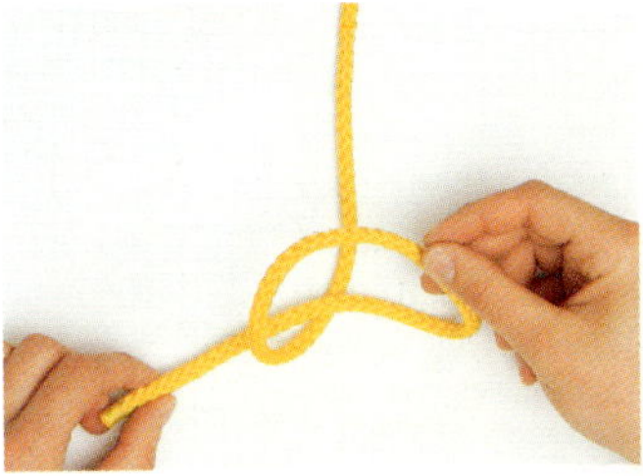

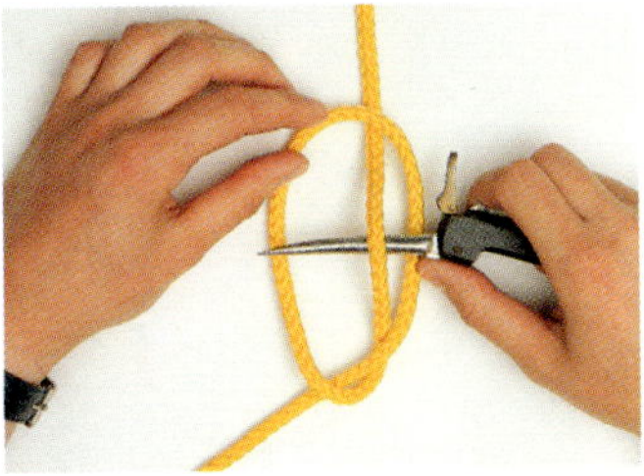

… Bucht schieben und die lose Part des Tampens dichtholen. Mit diesem Griff kann die Leine gezogen werden. Ist sie stark genug …

… durchgeholt und belegt, wird der Marlspieker aus dem Knoten gezogen. Dieser löst sich mit einem kurzen Ruck am Tampen auf.

Palstek

Die Herstellung des Palsteks ist relativ einfach, wird jedoch oft wieder vergessen. Eine Eselsbrücke ist der Spruch, der in verschiedenen Abwandlungen existiert. Hier eine Variante: „Das Krokodil kommt aus dem Teich, kriecht um den Stamm der Palme, und taucht wieder in den Teich hinein.“ Das Krokodil ist dabei der Tampen, der Teich wird durch das Auge gebildet, und die Palme ist die feste Part.

Der Palstek ist einer der wichtigsten Knoten. Er besitzt alle Eigenschaften, die man von einem guten Knoten erwartet. Unter jeder Belastung hält er absolut sicher, slippt nicht und ist leicht zu lösen, auch wenn er unter starkem Zug stand.

Ein Auge in die Leine schlagen (der Tampen liegt oben) und dieses festhalten. Mit der anderen Hand den Tampen von unten in das Auge stecken …

… und um die Leine herumführen. In welcher Richtung der Tampen dabei um die Leine geführt wird, ist für die Festigkeit des Knotens egal.

Den Tampen von oben wieder in das Auge stecken. Mit der linken Hand die durch den Tampen gebildete Bucht festhalten und mit rechts die Lose aus …

… der Leine ziehen. Der Palstek läßt sich einfach wieder öffnen: Die hintere Bucht wird nach unten geklappt und die Leine durchgezogen.

Palstek-Trick

Der Palstek ist unbestritten einer der sichersten Knoten zum Festmachen. Wie er gesteckt wird, lernt deshalb jeder Segelschüler: An Bord, schon vor dem Anlegen, sollte er sich am Tampen der Leine befinden. Das Auge kann dann ohne Hast über den Poller oder die Klampe gelegt werden. Was aber, wenn es am Steg nur einen Ring gibt und der Skipper unbedingt einen Palstek haben möchte?

Man ist meist verlassen. Denn entweder kommt Zug auf die Leine, bevor der Stek fertig ist, so daß die Finger eingeklemmt werden, oder das Knüpfen dauert zu lange, und die Yacht treibt ab. Die in den Abbildungen gezeigte Variante, einen Palstek zu stecken, wurde speziell für den geschilderten Fall erdacht. Bis zu Bild zwei kann alles an Bord vorbereitet und so in der Hand gehalten werden, daß nur die Bucht herauslugt. So kann man sich Zeit lassen mit dem Durchführen durch den Ring, und danach geht auch nichts mehr schief.

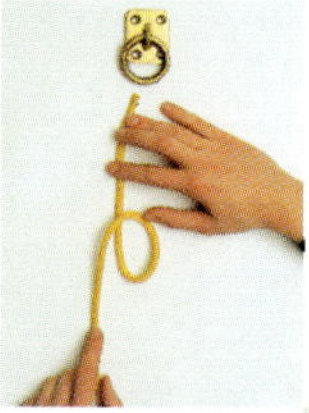

In den Tampen der Festmacherleine ein Auge legen und mit der langen Part eine Bucht ...

...von unten durch das Auge stecken. Den Knoten so festhalten, daß nur noch die ...

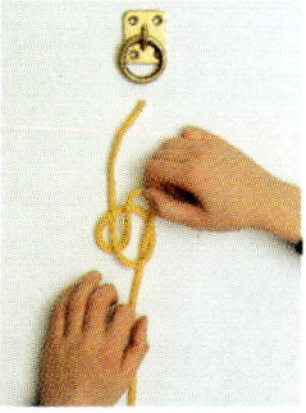

... Bucht hervorlugt. Mit der losen Part durch den Festmacherring am Steg und durch ...

... die Bucht fahren. Den losen Tampen und die beiden durch den Ring führenden ...

... Parten festhalten. Kommt Last auf die feste Part, zieht sich der Palstek zusammen.

Pfahlstek

Der Pfahlstek läßt sich schnell und leicht in einen Tampen oder eine Bucht binden. Er eignet sich zum Festmachen an Pollern, insbesondere zum Ausbringen einer Spring, da die Leine in der Mitte angeschlagen werden kann und dann beide Enden belastbar sind.

Der Stek hält angesichts seiner einfachen Machart erstaunlich zuverlässig. Sollte er sich auf dem Poller bekneifen, was selten vorkommt, kann er mit einem gezielten Tritt gegen die äußere Bucht gelöst werden. Vorher den Zug von den Enden nehmen! Den Pfahlstek sollte man nur mit mittlerem bis starkem Tauwerk verwenden.

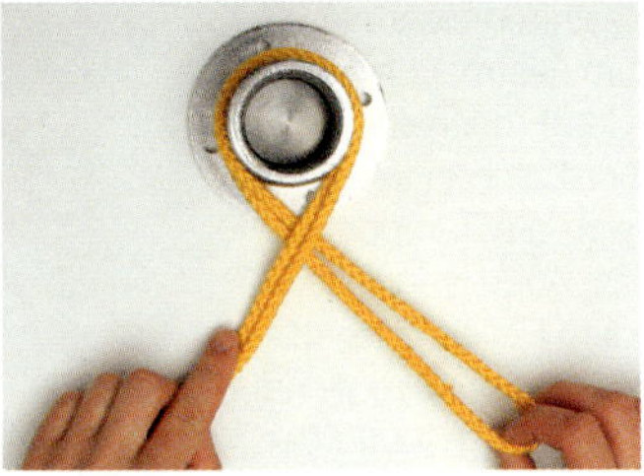

Die Bucht in beliebiger Richtung um den Poller führen …

… unter der stehenden Part hindurchstecken und die …

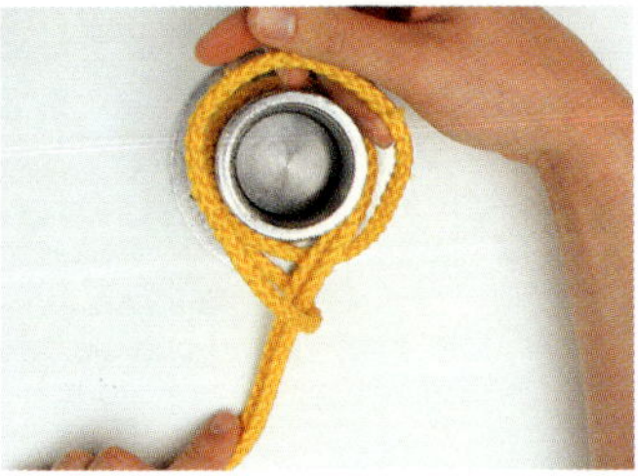

… Schlaufe über den Poller legen – fertig. Zum Lösen …

… Enden entlasten. Die Bucht aufziehen und vom Poller nehmen.

Pfostenstek

Sein voller Name ist „Stek für einen hohen Pfosten" und erklärt auch gleich seinen Verwendungszweck:
Wenn nämlich das Ende eines Dalbens, zum Beispiel bei Ebbe, nicht erreichbar ist, dann sind alle Steke und Knoten, bei denen ein Teil des Festmachers über den Dalben gelegt werden muß, reine Theorie. Ein Webeleinenstek müßte z. B. gesteckt werden, was bei einer langen Festmacherleine eine Weile dauert. Auch wenn der Pfostenstek ein unseemännisch aussehendes Knäuel bildet, hält er doch zuverlässig.

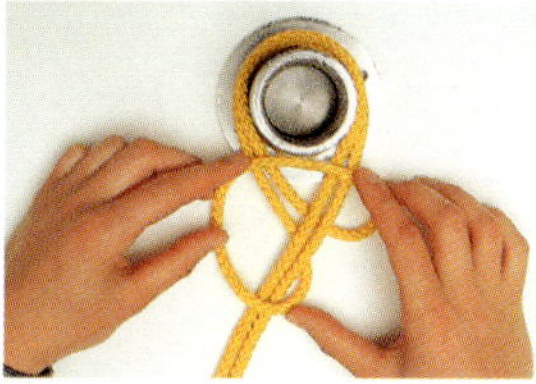

Die Leine auf Mitte nehmen, mit der Bucht einen Rundtörn um den Dalben fahren und unter beiden Parten des ...

... Festmachers hindurchstecken. Die Bucht öffnen, mit einer Part der Leine eine weitere Bucht bilden und diese ...

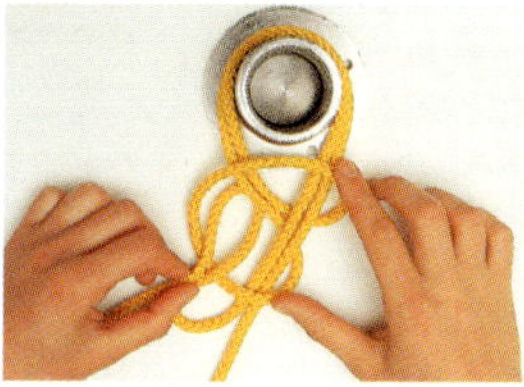

... von oben in die erste Bucht hineinstecken. Unter dem Rundtörn durchführen und aus der Bucht ...

... herausnehmen. Durch Zug an der zweiten Part kommt der ...

... Stek fest, durch Zug an der durchgesteckten lose.

Pützenstek

Der Pützenstek wird verwendet, um eine Leine an einem henkellosen Gefäß zu befestigen. Beispielsweise an einem Eimer, um ihn als Pütz zu benutzen oder an einer Farbdose bei Arbeiten am Rumpf.

Solange Last auf ihm steht, hält der Pützenstek erstaunlich zuverlässig. Läßt der Zug auf die Leine jedoch nach, verrutscht der Stek sofort, und das Gefäß kann bei erneutem Anheben leicht herunterfallen.

Um den Pützenstek vor dem Verrutschen zu schützen, sollte der Überhandknoten zweimal über den oberen Teil des Gefäßes gelegt werden. So entsteht ein doppelter Webeleinenstek, der auch entlastet noch sicher hält.

Die Pütz oder das Gefäß, das aufgehängt werden soll, auf die Mitte der Leine stellen. In die Leine einen Überhandknoten schlagen, an seinen beiden …

… Parten auseinanderziehen und über den oberen Teil des Gefäßes legen. Die beiden Parten gleichmäßig dichtholen und über dem …

… Gefäß miteinander verknoten. Solange Last auf dem Stek steht, hält er zuverlässig. Um ihm Halt zu geben, wenn er entlastet wird, …

… sollte der Überhandknoten noch einmal gelegt werden. So entsteht ein doppelter Webeleinenstek, der sich etwas bekneift.

Roringstek mit halbem Schlag

Der Roringstek wird treffenderweise auch Ankerstek oder Fischerstek genannt, denn es gibt keine bessere Möglichkeit, um ein Tau an einem Anker zu befestigen. Statt des halben Schlages kann zum Schluß auch ein Palstek gebunden werden.
Der „Knotenpabst“ Clifford W. Ashley meint, daß es keinen besseren Ankerstek gibt, daß er sich aber an steifen, starken Trossen nicht so leicht anbringen läßt wie der Rundtörn mit zwei halben Schlägen.

Mit dem Tampen zweimal durch den Ring fahren, ...

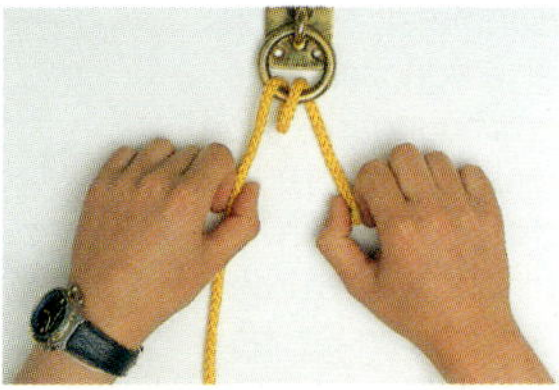

... dann um die feste Part herum und durch die beiden Törns am Ring.

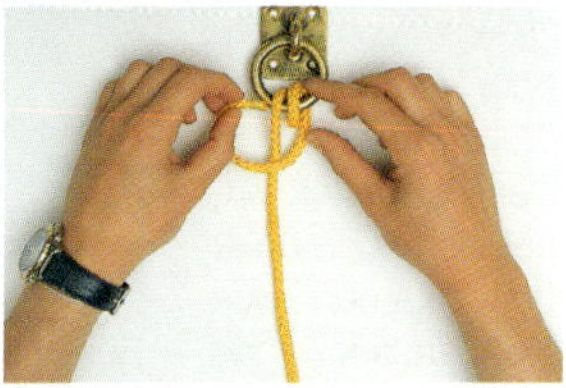

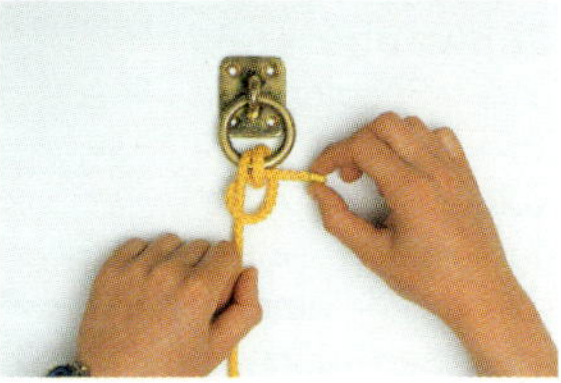

Zum Schluß die lose Part mit einem halben Schlag sichern.

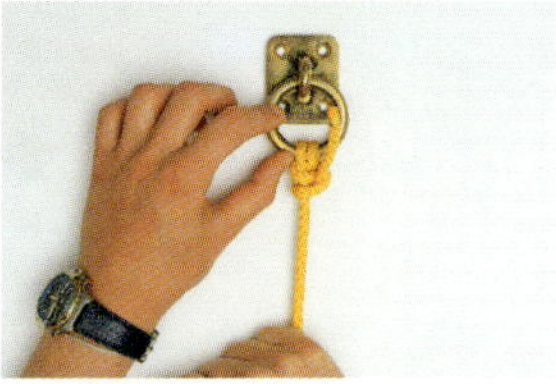

Schotstek

Schotstek ist nur eine von vielen Bezeichnungen für diesen Knoten. Mit dieser Leinenverbindung wurden Schoten an Stropps gesteckt, die in die Lieken von Rah- oder Vorsegeln gedreht waren.
Der Schotstek findet sich auch unter den Namen wie Flaggenstek und Weberknoten, Schwabberstek und Schotenstek im seemännischen Vokabular. Allen gemeinsam ist, daß dicke Tampen mit einem dünnen verbunden werden.
Der Schotstek hat die Eigenschaft, sich um so stärker zu bekneifen, je mehr Zug auf ihm steht. Das macht ihn zuverlässig. Der Knoten ist leicht zu fertigen und im Normalfall einfach wieder zu lösen.

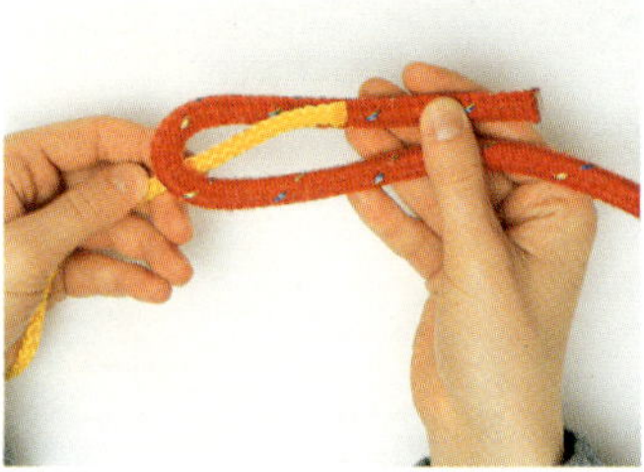

In den dicken Tampen eine Bucht legen und mit einer Hand festhalten. Den dünnen Tampen mit der anderen Hand von unten in die Bucht ...

... stecken und einmal um diese herumfahren. Die Richtung spielt keine Rolle. Wer ganz sichergehen will, kann auch zwei- oder ...

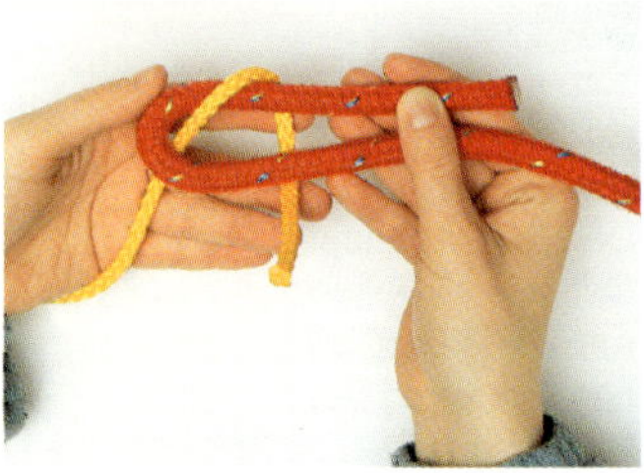

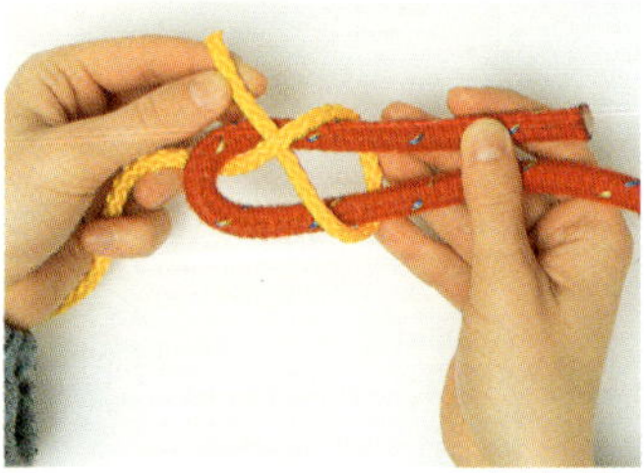

... dreimal um die Bucht fahren. Der Knoten bekneift sich unter Last sehr stark. Den dünnen Tampen nach dem Rundtörn über ...

... den beiden Parten der Bucht und unter ihrer eigenen festen Part hindurchstecken. An den festen Parten der Tampen ziehen.

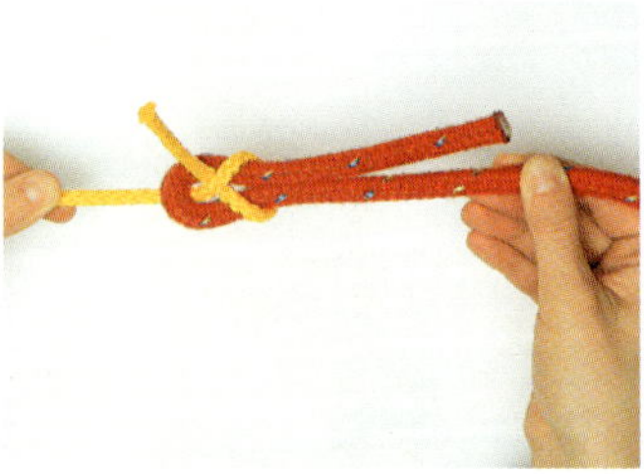

Stauerknoten

Der Stauerknoten, auch Schauermannsknoten genannt, diente zum Sichern des Endes eines Ladeläufers vor dem Ausrauschen. Er sollte auch heute immer dann dem Achtknoten vorgezogen werden, wenn ein größeres Knotenvolumen nötig ist, als es beim Achtknoten entsteht, wenn also der Block oder die Öse sehr groß sind.
Der Stauerknoten ist eine erweiterte Form des Achtknotens und genauso leicht wie dieser zu lösen. Oft verformt er sich mit der Zeit jedoch zu einem unschönen Knäuel.

In den Tampen ein Auge legen und mit der …

… losen Part zweimal um die feste Part fahren.

Den Tampen von oben durch das Auge führen …

… und beide Parten gleichmäßig dichtholen.

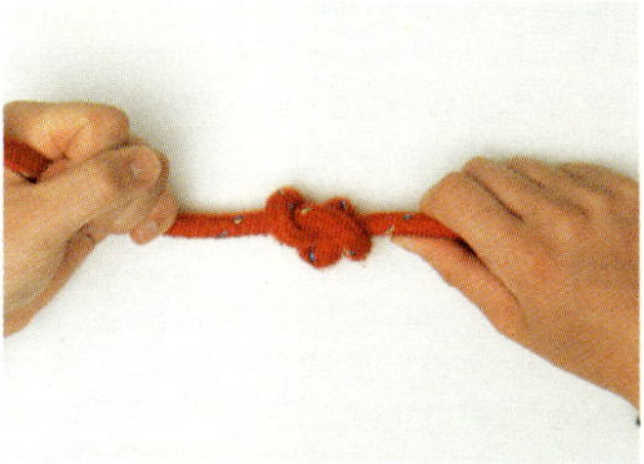

Stopperstek

Die Fockschot hat sich mit einem Überläufer auf der Winsch bekniffen. Alles Ziehen und Reißen ist vergebens. Fieren unmöglich.

Die Schot muß entlastet werden, um den Überläufer herauszuziehen. Eine gängige Methode ist, eine zweite Schot an der Fock zu befestigen und über eine andere Winsch dichtzuholen. Oft wird auch versucht, durch einen Aufschießer den Druck von der Schot zu nehmen. Völlig Verzweifelte zücken gar das Messer.

Eine einfachere Möglichkeit, die Schot freizubekommen, bietet der Stopperstek. Er wird vor der Winsch an die Fockschot gesteckt, das Ende über eine andere Winsch geführt und dichtgeholt. Das bekniffene Ende ist entlastet.

Die anzusteckende Leine sollte dünner sein als das laufende Ende (z. B. Fockschot). Mit dem Tampen der Leine ein Auge …

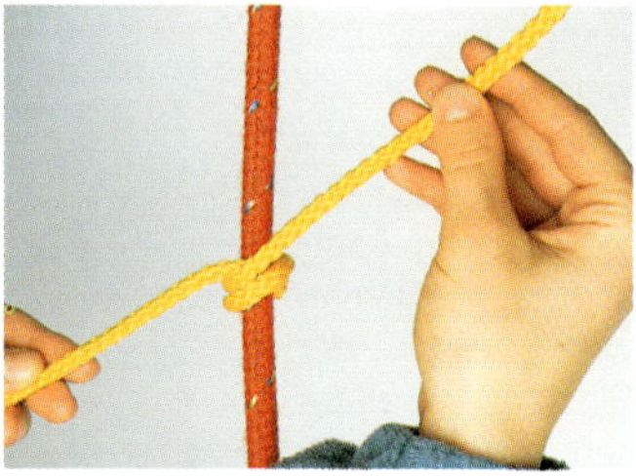

… um das Ende bilden, danach einen Rundtörn zwischen das Auge und die Leine legen. Die Leine wird jetzt bekniffen (wichtig

beim Schleppen). Zur Sicherung vor der Leine einen halben Schlag um das Ende legen. Die Leine kann jetzt auf eine …

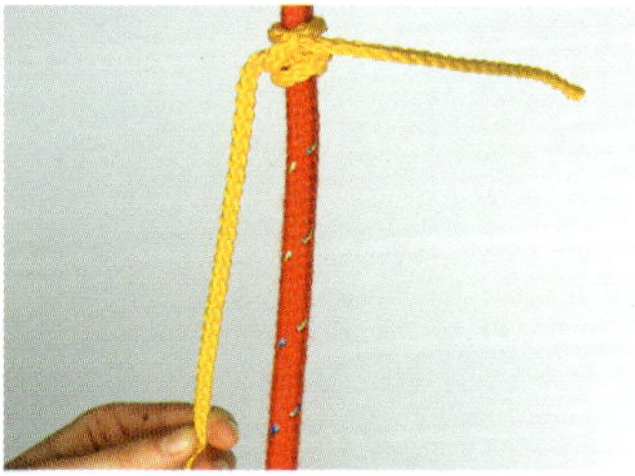

… andere Winsch gelegt und dichtgeholt werden. Die Fockschot ist damit entlastet. Der Stek bekneift sich unter Last, entlastet läßt er sich verschieben.

Takling

Der Takling ist immer noch die beste Art, einen Tampen vor dem Ausfransen zu sichern. Andere Methoden (Tape, abbrennen), sind weniger dauerhaft oder nur speziell anwendbar. Der Takling kann dagegen bei allen Tauwerksarten benutzt werden. Für Naturfasern ist er sogar die einzige Lösung. Und ein Takling ist auch gute Seemannschaft. Besser als der gelegte Takling (Fotos) ist nur noch der genähte.

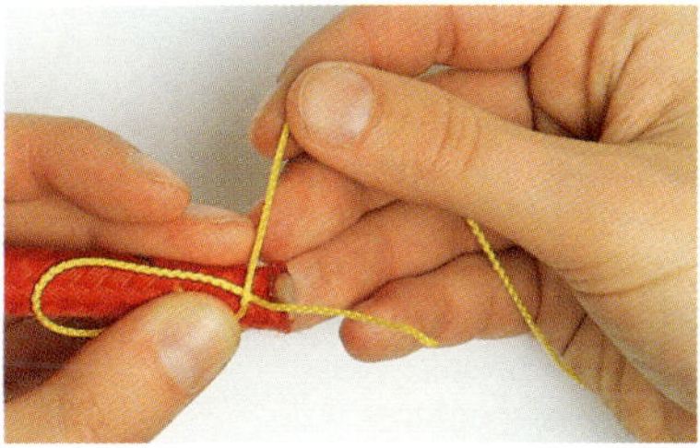

Auf den Tampen ein etwa fünf Zentimeter langes Auge mit einer Hand festhalten und mit der anderen ...

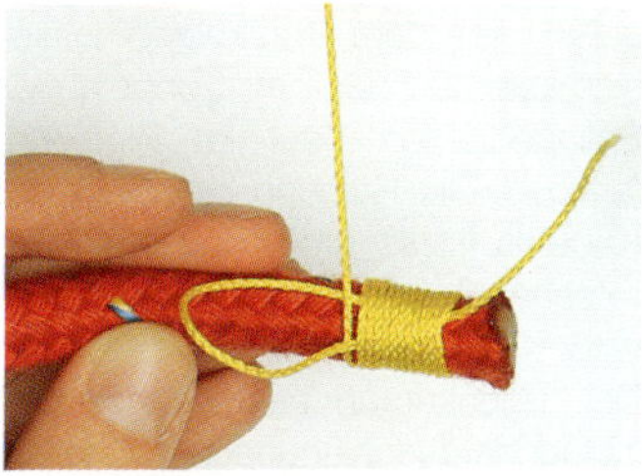

... Rundtörns um den Tampen legen. Je strammer die Rundtörns gewickelt werden, desto fester sitzt der Takling. Zirka ...

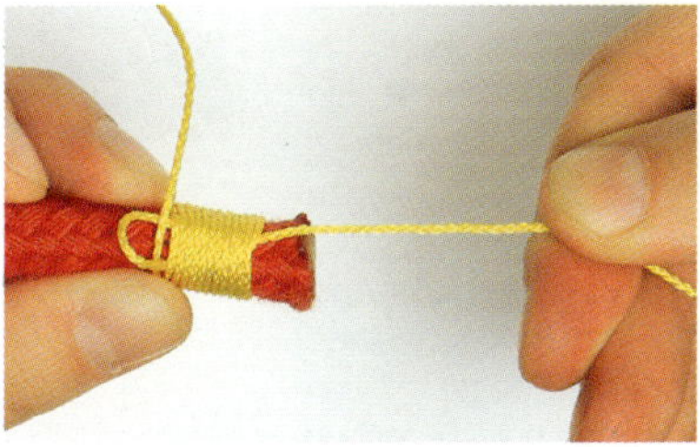

... 10 bis 15 Rundtörns genügen. Den Rest des Takelgarns durch das Auge stekken und dieses ...

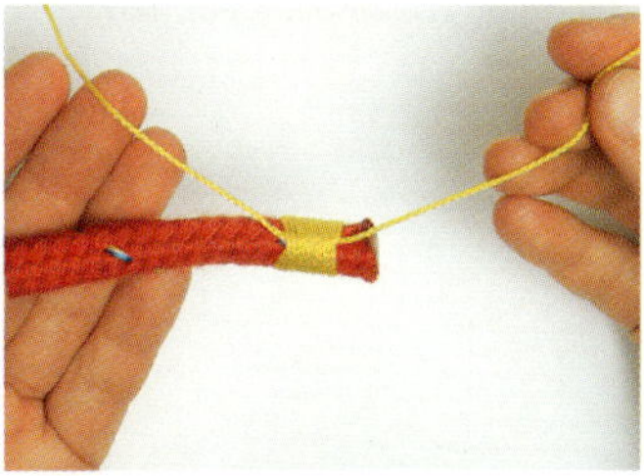

... bis in die Mitte des Taklings ziehen. Beide Takelgarnenden direkt am Takling abschneiden und verschmelzen.

Taljenknoten

Dies ist ein Spezialknoten, der unseres Wissens nicht in der maritimen Literatur auftaucht, aber dennoch in Einzelfällen gut zu gebrauchen ist. Er macht dort Sinn, wo der Knoten möglichst kurz ausfallen und dicht am befestigten Objekt liegen muß. Das ist der Fall, wenn beispielsweise die Blöcke einer Talje möglichst voll dicht zusammengezogen werden sollen. Mit dem Kurzknoten lassen sich aber auch Gummistropps gut an Relingsdrähten oder im Rigg befestigen. Die Reibung innerhalb des Knotens ist so groß, daß auch das rutschende Gummiband gehalten wird.

Der Taljenknoten besteht aus zwei ineinandergeschlungenen halben Schlägen. Eine Voraussetzung an Seemannsknoten erfüllt diese Leinenverbindung allerdings nicht: Einmal belastet, ist sie nicht mehr zu lösen, sondern nur noch wegzuschneiden.

Der Kurzknoten wird übrigens auch zum Schnüren von Paketen eingesetzt: Dann stellt der Packer mit dem Knoten eine Schlinge her, die fest um das Paket zusammengezogen wird.

Leine durch das Auge oder um ein Objekt führen und in den Tampen einen halben Schlag knoten.

Den Tampen mit dem halben Schlag um die Leine führen und einen zweiten halben Schlag legen.

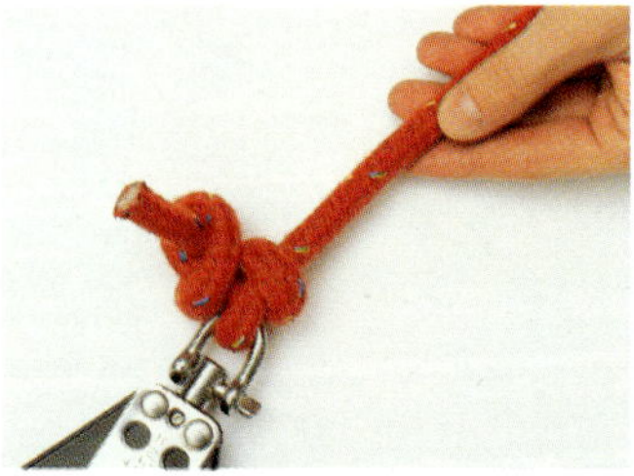

Block halten und an der Leine ziehen, bis sich die beiden Knoten ineinander fest bekneifen.

Webeleinenstek gesteckt

Der gesteckte Webeleinenstek kommt an Spieren oder Tauen zur Anwendung, wenn also kein Ende des Gegenstandes frei ist, um ihn darüberzulegen. Diese Variante hat den Nachteil, daß immer die gesamte Leine durchgezogen werden muß. Seinen Namen hat er, wie fast alle Seemannsknoten, aus der Zeit der Großsegler. An Bord wurde er zum Fertigen der Webeleinen gebraucht, die, zwischen den Wanten geflochten, das Aufentern in die Rahen ermöglichten.

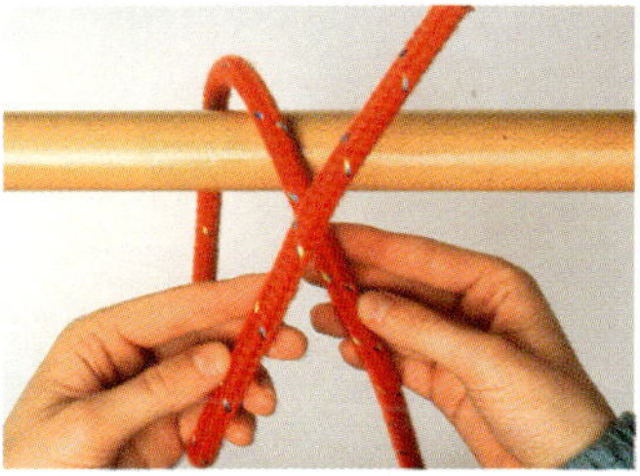

Den Tampen über die Spiere legen …

… von hinten um die feste Part herum …

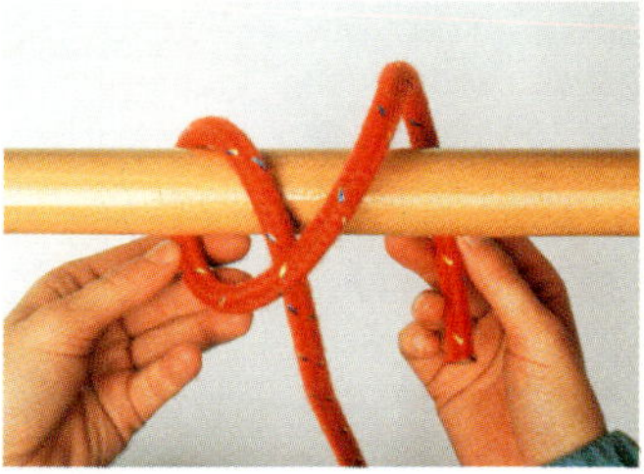

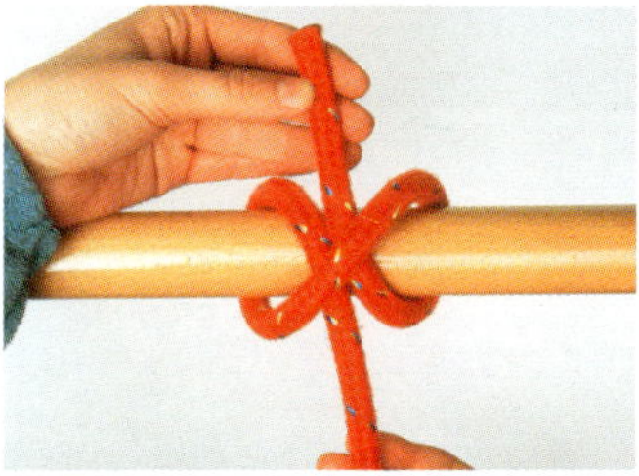

… nach vorn führen, erneut über die Spiere hinweg …

… und unter der festen Part hindurchführen.

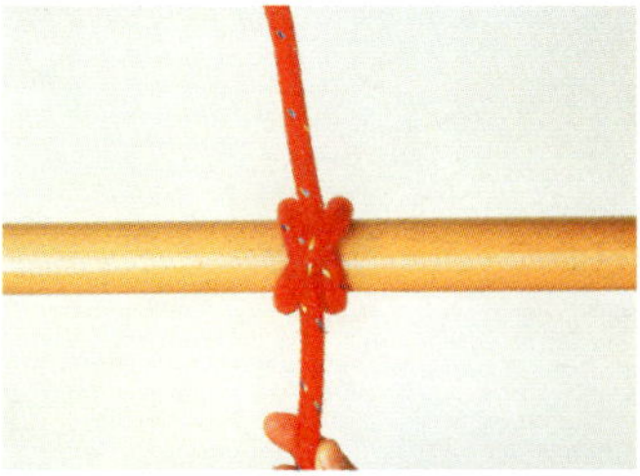

Webeleinenstek gelegt

Der Webeleinenstek ist die gebräuchliche Wahl, wenn es gilt, eine Leine an Pollern oder Spieren zu befestigen. Im ersten Fall, wenn also ein Ende des Gegenstandes frei ist, kann der Stek gelegt werden. Das hat den Vorteil, daß nicht die ganze Leine durchgezogen werden muß. Eine oft vergessene Anwendungsmöglichkeit des gelegten Webeleinensteks ist die Notsteuerung an Außenbordern: Der Stek wird über das Gehäuse gelegt, mit den Tampen kann gesteuert werden.

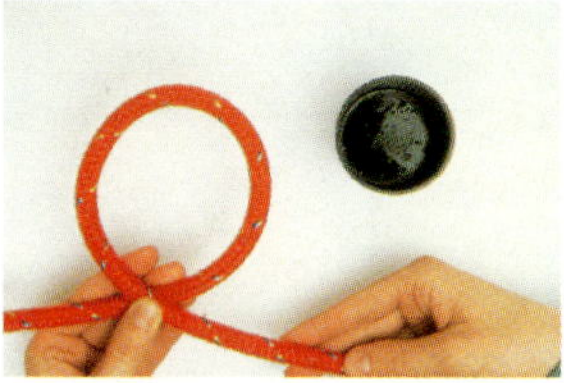

Wird ein Webeleinenstek über einen Pfosten gelegt, ...

... macht man zuerst zwei Törns in der Hand, legt diese ...

... übereinander und anschließend über den Poller.

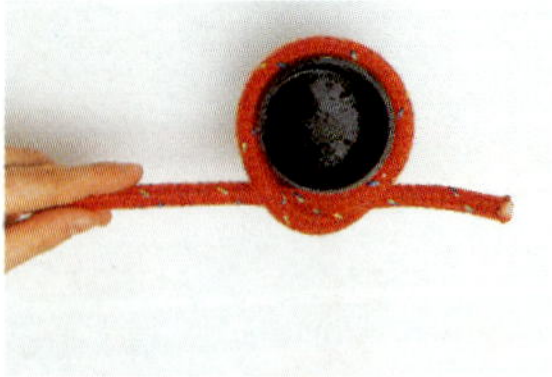

Wurfleinenknoten

Das Geheimnis des Wurfleinenknotens steckt in seinem Gewicht. Damit läßt sich eine Leine besser und vor allen Dingen weiter werfen, weil der kompakte Knoten den leichteren Rest mitreißt. Für den Knoten ist jede beliebige Leine geeignet. Nebenbei ist der Wurfleinenknoten ein guter Stopperknoten, beispielsweise für Handlog oder Handlot, um die Leine vor dem Ausrauschen aus der Hand zu sichern. Außerdem können die Schnüre an Segelbekleidung oder Segelsäcken vor dem Durchslippen gesichert werden. Der Wurfleinenknoten ist hier gleichzeitig ein schöner Zierknoten.

Dieser Knoten läßt sich leicht und schnell herstellen und wieder lösen. Mit der Leine ein langes Auge formen und mit dem Tampen beliebig viele …

… Törns um das Auge schlagen. Den Tampen vorher lang genug lassen! Je mehr Törns geschlagen werden und je dichter sie …

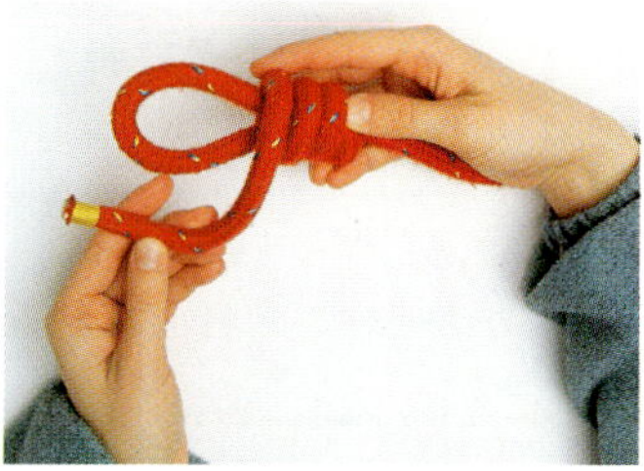

… beieinander liegen, um so schwerer und fester wird der Knoten. Den Tampen durch den Rest des Auges stecken …

… und die Lose aus den Törns holen. Zum Schluß die Leine so weit aus dem Knoten ziehen, bis sich der Tampen bekneift.

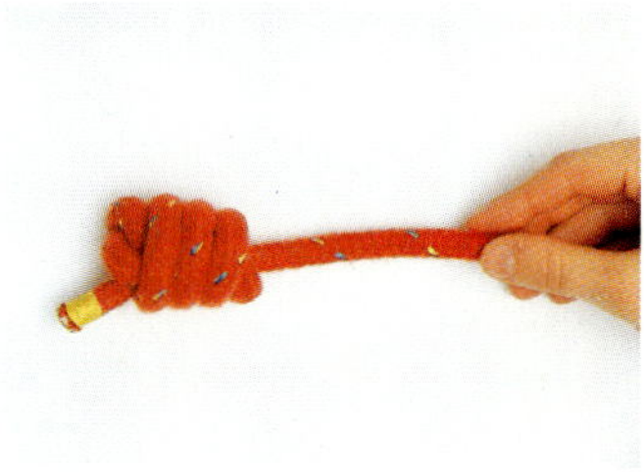

Achtknoten
Englischer Knoten
Fenderstek
Gord…
Ketten…
Kon…
Kreuzknoten
Lange Trompete
Leesegel-Fallstek
Marlspiekerschlag
Palstek
Palstek-Trick
Pfahlstek
Pfostenstek
Pützenstek
Roringstek mit halbem Schlag
Schotstek
Stauerknoten
Stopperstek
Takling
Taljenknoten
Webeleinenstek gesteckt
Webeleinenstek gelegt
Wurfleinenknoten

ISBN 3-89225-354-4
9 783892 253549